잠잠

시산맥 기획시선 **162**

제47차 기획시선 공모당선 시집

잠잠

시산맥 기획시선 162

초판 1쇄 인쇄 | 2025년 10월 10일
초판 1쇄 발행 | 2025년 10월 15일

지은이 오형선
펴낸이 문정영
펴낸곳 시산맥사
편집주간 김필영
편집위원 최연수 박민서
등록번호 제300-2013-12호
등록일자 2009년 4월 15일
주소 03131 서울특별시 종로구 율곡로 6길 36. 월드오피스텔 1102호
전화 02-764-8722, 010-8894-8722
전자우편 poemmtss@naver.com
시산맥카페 http://cafe.daum.net/poemmtss

ISBN 979-11-6243-634-9 (03810) 종이책
ISBN 979-11-6243-635-6 (05810) 전자책

값 12,000원

충청북도 **충북문화재단**

* 이 책은 충청북도 충북문화재단의 기금을 받아 발간되었습니다.

* 이 책은 전부 또는 일부 내용을 재사용하려면 반드시 저작권자와 시산맥사의 동의를 받아야 합니다.

* 이 책은 교보문고와 연계하여 전자북으로 발간되었습니다.

* 본문 페이지에서 한 연이 첫 번째 행에서 시작될 때에는 〈 표기를 합니다.

* 저자의 의도에 따라 작품의 보조 동사와 합성 명사는 띄어쓰기가 달라질 수 있습니다.

잠잠

오형선 시집

잠을 자면서도 잠을 꿈꾼다

얕고 옅은 꿈으로 들어가는 중

2025년 가을, 오형선

■차례

1부 잠

2부 잠잠

3부 잠잠잠

4부 잠잠잠잠

1부

잠

순환도로

우암산을 진입하는데
벚나무가 쭉 서서 쳐다보는 거야
꽃잎을 벗으면서

꽃잎들은 서로 내게 안기려는 듯
하르르 하르르 하르르르

바닥에 누웠던 꽃잎들은
자동차를 따라 질주하다가
따라오라고
차 유리창까지 점프하는 거 있지

꽃잎이 지칠 때까지 따라갔어

나도 모르게

그날 나는 길을 잃었어

파란 밤

깨졌다
너무 파래서
저녁 7시
파란 낮잠이 몸에 붙은 채

종일 오락가락하던 빗줄기는 터졌다

혼자 침대에 걸터앉아 보고 있다
몇 년째 줄이 끊긴 채 서 있는 첼로

아무 소리도 없다
덧칠되고 있는 파란 밤

뭐해, 라고 말하려는 데
컬러링만 길게 파랗다

그냥 전화했어, 라고 말하려는 데
회식 중이라고

목소리를 듣고 싶은데 뜨는 문자들

〈
이렇게 쏟아지는데
이렇게 조용하다

오전에 합주 연습
점심은 결혼식 뷔페에서
돌아오는 길엔 세일 마지막 날인 백화점에서

소리들만 벅적였다
벅적이는 소리 가운데 나는
없었다

너의 미래에 내가 없다니

검어지지 않는 밤

파란 밤

혼자 장구 치고 북 치고

이 수족관엔
오래전 태어난 투명한 물고기 한 마리가 있습니다
아직 속이 잘 보이는

이렇게 속이 보이는 물고기는 처음 봤어
사람들은 투명 물고기 앞에 걸음을 멈추고 한마디씩 말
합니다

주황 빨강 노랑 점박이 줄무늬 옷으로
꼭꼭 싸맨 물고기들은
사람만 나타나면 우르르 쫓아다닙니다

찢어진 입을 동그랗게 말아올려
물방울도 만들어 보입니다
동그란 눈은 더 동그랗게 뜨고

그래도
사람들의 눈은 투명이만 봅니다

투명이가 꽃을 지나가면

꽃이 피어난다고 넋을 놓고 봅니다

투명이 뒤로 지렁이가 뱀처럼 지나가면
뱀까지 잡아먹은 무서운 물고기라며 인상을 찌푸리다가

색깔 입은 물고기들을 몇 마리씩 사 가지고 돌아갑니다

오늘도 투명이는 투명하게 혼자 남았습니다

좁은 문

드디어 연락을 받았어
문래동 천국 찻집에서 만나자는

간판을 겨우 찾았어
소주병과 담배꽁초들이 여기저기 누워 있고
장기 삽니다와 돈 빌려줍니다가 덕지덕지 붙어 있는

작은 문을 여니
희미한 전구는 깜빡거리고
사체가 떨어뜨린 냄새도
물렁한 게 밟혔어

이층으로 난 계단
머리는 천장에 닿을 듯,
어깨는 벽에 부딪히고
거미줄은 얼굴에 달라붙고

뭐야 이곳이 영업하는 집이 맞긴 한 걸까
도로 내려갈까
저 위 닫힌 문틈

빛은 새어 나오는데
어메이징 그레이스도 분명 들리는데

이 비좁은 계단을 다른 사람들은 어떻게 올라갔을까

빛만 따라 올라갔어
문을 열었지

많은 사람들이 아무렇지 않게 앉아 있네
듣던 음악과 대화 소리
그 속에서
너는 웃으며 바라봤지

왜 옷에 먼지가 많이 묻었냐고
너는 저길 어떻게 올라왔는데

왜 비상구로 왔냐고
…

수

밤에 침대에 누우면
내 몸엔 바둑판처럼 줄무늬가 생긴다
그러면 복기를 시작하지
왜 그리 자충수를 많이 놓는지
불계패일 땐 아무 소리도 듣고 싶지 않다

오늘도
너의 아킬레스건은 건드리지 않아, 라는 내 말에
병원에서 만난 혜진이의 얼굴이 돌처럼 굳어졌다
그땐 그 수가 좋은 줄 알았는데

누워 있는 딸에게
넌 뭐든지 할 수 있다고
흰 돌을 만지작거렸는데
딸아이 눈에선 눈물이 주룩 흘렀다
또 패착이었나

거실로 나왔다
창밖에도 잠들지 못한 신호등 전조등 가로등…
십자가 불빛은 더 또렷하다

십자가도 불면증을 앓고 있을까

엄마도 불면증이랬는데
소파에선 언제나 주무셨던 기억뿐

시간을 또 본다 아직 어두운 세 시
집어던진 바둑돌이 다시 만져진다

나도 낮에 잘지 몰라
딸은 나에게 종일 잠만 잔다고 하겠지

난 잠을 잔 기억이 없는데

사과 하나

쓰는 순간 빨갛다

빨간 것과 파란 것 중 어느 것을 줄까
파란 게 어딨어

아 초록!
초록도 아니야
초록도 아니면 뭐지

사과를 놓고 오랜 시간
뭘 줘야 할지 모른다는 너

10년 전 현관문이 닫히기 전 작은 사과 하나를 주려고 내
밀었는데
　못 본 척 닫아버려 사과를 잡은 손가락이 부러지고
　지금까지 작은 사과 하나 잡을 수 없는 손

아 그 연두! 그깟 것
자!
　〈

너의 그깟 것 얼룩덜룩 반점투성이다
푸석푸석해 보인다

한입 베어 물었다
물기 하나 없다
뱉었다

빨간 한입

루바토, 녹음 속으로

시동을 걸고 버튼을 누른다

레슨이 끝나면 언제나처럼 녹음 속으로 들어간다

그곳엔 사육사의 백조가
물결을 즐기고
나는 제대로 걷지도 못하는 백조를 데리고 왔구나

루바토를 불러내자
천천히 천천히
누워서 애기하나 봐
나른해진 백조와 함께

그만, 그만
생상의 마음으로 돌아오자
사육사와 백조가 물결을 즐긴다

오늘을 되감는 동안
차창 밖 흔들거리는 나무들
빽빽하게 초록을 덧붙이고

거꾸로 달린다

차가 호수 위를 미끄러지듯
달리는 동안
주위는 온통 초록
신호등도 초록

어느새
습관적인 도착지
내일도 오늘의 되감기

쉿!
여긴 회색 주차장

사막에서 · 1

9살에 베두인이 되었다는 사람을 만났다
그을린 얼굴에 왜소한 체격
자녀가 스무 명
아내가 다섯 명이라던

사방이 온통 모래만 보이는 사막
모래바람 속에서
어떻게 집으로 돌아갔냐고
묻지 못했다

어디에서 왔는지 어디로 가는지
낙타의 행렬이 지나갔다

모두 열려 있는 길이지만
갈 방향을 찾을 수 없었다

처음 보는 이방인들과
모래 속에 묻어 두었던 쟈르브란 음식과
그들의 음악을 들으며 대추야자 차를 마셨다
〈

비스듬히 눕듯 앉아
물담배를 피우는 것을 보았다
물담배 맛을 또 묻지 않았다

앞에는 어둠뿐이지만
고개를 들면
별들을 수없이 셀 수 있었다

이름을 얻지 못한 별들이 더욱 빛났다

별들의 이름을 크게 불러주고 싶었다

사막에서 · 2

해돋이를 보기 위해 밤을 새웠다
먼저 앉아 있는 사람이 있었다
하나 둘
그와 같은 방향으로 앉기 시작했다
동쪽이냐고 묻지 않았다

지루한 침묵의 시간이 계속되고

남자는 물구나무를 서고
어린 여자들은 점프를
카메라를 갖고 있던 사람은 셔터를 눌렀다
보이지 않는 세계를 향해

기다림은 길었는데

어느새 깜깜한 어둠은
푸른빛으로 환해졌다
해돋이를 보지 못한 채

모두 힘없이 엉덩이를 털고 돌아갔다

그 어둠 속에서
카메라만 솟고 있는 태양을 보았다

금붕어

8월의 한낮
작은 어항 속 금붕어 한 마리

튀어 올랐어요

점점 커지더니
침대 크기만 해지더니

숨쉬기 어렵다고
입만 뻐끔거려요

어항에 다시 넣을 수가 없네요

손들이 모여들어
욕조에 넣었어요

Congratulations
모두 축하의 노래를 불러요

목욕 중입니다

샤워기를 틀었다
뜨거운 물과 차가운 물이 반반 섞인

잊었던 단어들이 실선으로 나오다가 점선으로
방울방울 떨어진다

손가락 사이로 빠져나가는

물과 물이 부딪힌다
고여 있는 물과 떨어지는 물
물방울은 타일에 부딪혀 반짝거리며 튕겨나간다
수위는 높아진다

손끝으로 머리를 문지르면 뭉글뭉글 일어나는 거품 같은
생각들
흥얼거리는 노래처럼 또렷하지 않아

욕조의 마개를 빼면
차가운 이름들이 빠져나가기 시작한다
〈

회오리치며 시계방향으로 빠져나가면
천천히 욕조에서 발을 뺀다

수건으로 털어낼 때
시간에 금이 간 가을이 지금이 된다

점점점점
무한대로

욕조 안에 붙어 있다
빠져나가지 못한 생각 몇 가닥

Eyeroom

책을 펼치자마자
작은 벌레 한 마리 마침표처럼 앉아 있다
어디서 왔을까
손바닥을 펼치는 순간 움직인다
손바닥이 빨개질 정도로 헛손질 후 보이지 않는다

다시 펼친 책 위에 두 마리가 콜론처럼 또 앉아 있다

한 달 전쯤 벽에 붙은 나방 한 마리
들고 있던 책으로 후려쳤다
책상 밑에 떨어졌지만 치우지 않았던 기억
그 기억 속에서 작은 벌레들이 글자 수만큼 생겨나고
글자가 벌레가 되어 눈에 붙는다

공간이 없어 공감이 없다
약병 위의 설명처럼 작고작고 다닥다닥

또 책 읽고 있네 열심히네
너의 눈은 나를 향했고 충분한 공간이 있었다
〈

수만 마리 검정 벌레 책 속에서 날아다니고
나의 시선은 책에 고정되었으나 넘길 수 없는 책장

읽을 줄도 모르는 점자책

눈이 닫는다

콜링

까마귀 한 마리 맴돌다 날아간다

젊은 남녀들
갈매기 떼를 쫓으며 앞서거니 뒤서거니 웃으며 달린다

조금 전까지 백사장에 한 무리의 갈매기 떼가 비둘기 한
마리를 중심으로 빙 둘러 있었는데

팔을 휘저으며 달려오는 사람들은 알까
날아가는 갈매기의 마음을

모두 날아 바닷물 위로 자리를 옮겼다
비둘기 한 마리만 남기고

왜 너는 그곳에 갔니
왜 그곳에 그대로 남아 있는 거야

태풍 예고 휘파람 불고
까마귀 떼 날아온다
〈

비둘기는 방파제 위로 날아갔다가
다시 백사장 갈매기 떼 속으로

일 년 전 우크라이나로 떠났던 청년은
팔레스타인으로 간단다

그를 부른 곳

그의 어머니는 비둘기와 눈이 닮았다

2부

잠잠

촉

눈을 뜨면 멈춰서는
난

술래라도 된 듯

기다렸다
눈을 감고

꽃대에
하루 한 마리씩 나비가
날개를 펼치고 앉았다

오 일째 되는 날
파란빛 날갯짓이
시작되었다

날아갈까 봐
날아갈까 봐

얼음이 되어

터널

365일 24시간 open
CCTV 촬영 중

그 속에 세탁기와 건조기들 쉴 새 없이 움직인 적도 있
었지

귀가가 싫은 학생들
휴대폰만 보는 대리기사들
문 쪽만 바라보는 구직자들
며느리가 집에 있는 할머니
무료함을 빨래망에 집어넣고 돌리기도

언제부턴가
우리 기계들만 우두커니 서 있다
열린 문짝에 물기조차 보이지 않아
CCTV만 쉬지 않고 전송 중이다

그래도 괜찮다

화면 속에는

지나가는 자동차 불빛들만
들어왔다 나갔다

괜찮다 괜찮다 괜찮다

오늘도 온종일 하늘은 너무 맑았어
햇빛이 끌고 온 그림자만 누웠지

그 속에서 또 멍하니 서 있다

빛 대신 어둠이
슬그머니 들어온다
긴 터널처럼

내일 철거 아저씨가 온단다

어떤 영화, The end
-베란다

밤이 암막을 치기 시작하면
촬영을 시작해
내가 지금 촬영한 영화를 너는 오래전 봤다니

소파에서 바라본 낮은 밖을 향해 침묵하는데
밤은 소리 없이 시끄럽고

빨강 초록 노랑 하얀 불빛들은
가까이에서 또 아주 멀리서
어둠에 맞서고

가로등 아래 간헐적인 비
자막처럼 내린다

발광하는 사이렌 소리가 엄마의 집 쪽을 향하여 달려가
고 있다
구급차는 멀어지는데 왜 점점 더 크게 들릴까

보이지 않는 사람들
어두워진 24시 편의점

없어진 길

개 짖는 소리도 점점 커지다 수그러든다

플래시를 켜고 셔터를 계속 눌렀지
분명 불빛들이 알록달록 보였는데

촬영은 두 시간이나 되었는데
본 것은 회색 얼룩뿐이었다니

The end

보이기 시작한다 아주 작은 십자가 하나

벚꽃 파노라마

흔들리고 있다
흔들고 있다

경비원이 국기 게양대에서 막 태극기를 내리고 있었죠
일곱 살 아이의 눈에 무척이나 높은 그곳에서

다음 날부터 사다리를 타고 게양대까지 올라갑니다
거기서 아래 지나가는 사람들을 봅니다
어른들이 아주 작게 보입니다

다음 날 다른 아이들도 따라와 사다리를 올라갑니다
그다음 날은 더 많은 아이들이 사다리를 올라갑니다
사다리는 적당히 흔들리고
은행 현관문 바로 위 게양대가 있는 곳은 한 평 남짓
발 디딜 틈이 없을 만큼 아이들이 많습니다
손바닥만 한 어른들이 내려오라고 소리치며 지나갑니다

벚꽃 필 무렵부터 게양대 밑에는
꽃을 머리에 꽂은 아줌마가 아기에게 젖을 먹이고 앉아
있습니다

순경 아저씨들이 내쫓아도

비가 내리는 어느 날
순경 아저씨가 아기를 빼앗아갔어요
그 여자는 울며불며 쫓아갔는데
벚나무는 비를 맞으며 바라보고만 있습니다

며칠 지나 아기 없이
은행 앞에서 울고 있는 모습을 끝으로
더는 볼 수 없었던 그 아줌마

봄만 되면 동네마다 머리에 꽃 꽂은 여자들이 나타났었
는데

어디서 흔들고 있을까
사다리 오르던 그 아이들은

동그란 큐브

각 면이 다른 색으로 정돈된 큐브를 돌립니다
그럼 무슨 색으로 보일까요

그 속에서 놀던 때가 그립습니다
풍선 껌을 씹으며 콧노래로 따라 불러봅니다

20년째 재개발 예정 동네
모두가 떠난 집

안개 같은 먼지가 날아와 넓게 펼치고 앉아 있습니다
방문자의 발도장을 기다립니다

단기세입자들 모퉁이부터 줄을 치고 주인 행세를 합니다
그래도 발자국은 남기지 않았습니다

큐브를 왼쪽으로 돌려봅니다

누가 부르는 노래일까
우리가 좋아했던 그 노래
〈

뛰다 넘어지고 일어났습니다

삐이꺽
닫혀 있던 문짝이 흔들거립니다

고양이와 햇빛은
들어가지 못하고
열린 문틈으로 들여다보고 있습니다

동그란 액자가 보이고
박제된 장미도 피어 있습니다

한   발짝
두   발짝
세 발짝
넷
조심스럽게 피어나는 하얀 꽃

동그라미 속에 나는 없는 그녀의 사진입니다

신은 마지막 인사를 허락한다

또 물을 주었다
잎은 마르고 누렇다 검어지고
오늘 방울토마토 하나 달렸다

우울이 번져 전신으로 퍼질 때
어떻게 하나
손가락 움직일 힘이 없는데

영양제를 줬다
누런 가지 사이 초록 가지가
가늘게 나올 때의 기쁨

살 듯 살 듯 살 듯

어제까지 무표정으로 소리도 못 내던 엄마
웃었다
엄마가 웃었다 병실이 떠나갈 듯 외쳤다

엄마 내가 누구야
큰딸, 우리 큰딸

〈

다시 웃어봐
사진 찍어 아빠한테 보내야지
누르는 순간 미소가 떨어진다

한 번만 더 웃어봐
끝내 사진을 찍지 못했다

물을 자주 줘도 토마토 잎은 말라 갔다
방울토마토 하나 매단 채

뿌리는 썩어 있었다

고속버스 세우기

11월 끝자락의 붉은 한낮
홑겹의 나일론 점퍼를 입은 구부정한 남자
휑한 머리를 흔들면서 주머니를 뒤지고 서 있다
휴지에 섞인 차표를 찾았는지 버스에 오른다
죄송합니다와 함께

그는 앉으면서 아무도 없는 옆 좌석을 보고
또 죄송합니다를 웅얼거린다

비슷한 연배의 털 코트를 입은 뚱뚱한 아줌마가 옆자리
를 채우고
술 냄새도 이 자리 저 자리 조아리며 다니다 그 아줌마
옆에 벨트를 조였다

십 분쯤 흘렀을까 잠꼬대처럼 죄송합니다를 연거푸 불러
들이던 남자가
부산 가느냐고 묻는다
서울 가는 버스라는 말에 열 번째 죄송합니다를

열 수 없는 창밖을 본다

낙엽은 그 남자와 눈 맞추며 차도로 우르르 뛰어든다
차 좀 세워 달라고 외치는 남자와 세울 수 없다는 버스
기사
그 남자는 앞자리와 유리창을 주먹으로 치더니
갈겨버릴 거야 -
버스 안이 일시에 조용해졌다
쏴 버릴 거라고-
승객들이 버스를 세우라고 아우성치고

기사가 고속도로 가로 차를 세웠다
급히 내려가다가 또 죄송합니다를 데리고 가는 남자

우리 모두의 눈은 남자를 뒤따라가고 있었디
무잇을 쏴 버릴 것인지
무엇을 갈겨 버릴 것이지
님자는 볼 수 없는 곳으로 갔고

사이렌 소리가 나고 버스는 다시 고속도로를 질주했다

조용한 곳을 찾고 있어요

딱이죠
적막한 밤에 나 홀로 있는 집
텔레비전도 냉장고도 코드를 잠시 빼기로 하죠
이제 녹음을 시작해 볼까요
사이렌 소리, 잠깐이면 지나가겠죠
거실 창을 이중으로 닫겠습니다
오토바이 소리가 이중창문을 뚫고 달려옵니다 이런 젠장
방으로 들어가야겠어요
옆집 현관문 닫는 소리,
엘리베이터 소리도 나네요 자정이 넘은 이 시간에
방문을 닫고 커튼도 쳤어요
형광등 소리가 점점 요란해져요
맞다! 누군가 화장실에서 녹음한다고 했는데
환풍기 소리를 잊었네요 껐어요 이번엔 주루루룩
다시 불 꺼진 방으로 들어가 모든 소음이 지워지길 기다
립니다
의자도 침대도 벽도 한마디씩
어쩌라고
이불을 뒤집어썼는데도 끊임없이 들리는 전파 소리
누군가 어디선가 왜

〈

조용한 줄 아니 침묵하는 줄
아무도 입 다물지 않고 있었어

조용한 곳이 어디에 있을까요

그리고 째깍째깍

조치원역에서 12월 31일 12시에 만나기로 했다
1분만 지나도 출발한다고

조금 전까지 가로등 아래 비가 내렸는데
수많은 하얀 나비 어둠을 뚫고 날아온다

유품이 되기 전 주고 싶다던 그녀의 손목시계
또 본다
1분 전

두리번거려 봐도 보이지 않고
째깍째깍

희미한 편의점 간판이 보인다
그 앞 24시 빨래방 간판은 꺼져 있다

바나나우유를 좋아하던 그녀
바나나우유를 사러 가자

그 사이 1분이 지나가 버린다면

갔는데 바나나우유가 없다면
째깍째깍

아직 1분 전

플랫폼으로 뛰어오는 기차의 숨 가쁜 호흡소리
놀란 와이퍼의 급한 손짓
모두 내린 것일까

보닛에 눈이 쌓인다
보이지 않는 그녀
바나나우유와 나는 기다리는데

아직 1분 전
째깍째깍 째깍째깍

The war

10분이나 잤을까
잠을 깨운 술 냄새
비자발적 거리두기의 끝
어두운 거실에 벌러덩 누워 있는 흰 와이셔츠 보인다
불 켠다
소파 귀퉁이에 구겨진 땅콩 봉지
쳐다봤을 뿐인데
저절로 쓰러지더니
쏟아져 내리네
땅 땅 땅
튀어 오르네
콩 콩 콩
땅 콩 땅 콩
땅콩땅콩
굴러가네
떼굴떼굴 떼구루루

아랫집 불 켜진다

제자리에서

뱅그르르 뱅그르르
멈췄다
입에 넣고 씹어 본다
아작아작
아 멈출 수 없는 고소함

위층도 불 켜진다

타공

몇 겹의 구름이 머리를 누르고 있다

떨어진 지 몇 달이 되도록 누워 있던 가족사진
벽은 콘크리트 못으로 아무리 망치질해도 박히질 않는다
위 아래층 진동 소리는 그렇게 크게 울린다는데

하늘이 하늘로 꽉 차 있어서 숨 쉴 수가 없어

왜 식물은 안 볼 때만 크는 걸까
내가 자꾸 들락거려서 못 크는 걸까

어제 심은 상추 모종은 손톱만큼도 자라지 않았는데

또 배고프다 뭘 자꾸 먹고 싶다
처음 먹었던 햄버거, 냄비우동, 군만두,
같은 이름 비슷한 재료 다른 맛

지금은 먹을 수 없는 기억 속 냄새가 방 안 가득하다

저 구름은 손가락으로 찌르기만 해도 비가 쏟아질 것 같다

바람이 분다

예배 후 미타사에 왔다
요플레라도 사 왔더라면
고양이라도 모였을까

지장보살 앞에서 주기도문을 외우고 또 외운다

부모님 뵈러 온 길인데
또 빈손이다

소나무 가지도
구르는 낙엽도
먼저 내려가는 남편의 재킷도
모두 같은 방향으로
흔들린다

처마 밑
작은 물고기 한 마리
십자가에 매달려
사방으로
물결친다

탄일 종소리 들린다

꽃

우암산 올라가는 길

꽃이 피었던 자리
초록 잎이 무성하다

하얀 머리에 구부러진 등
하얀 모시 적삼의 남녀는
바람에 날릴 듯 서 있다

벤치에 앉아 담배 연기를 올리는 사람과
그 곁을 손을 내저으며 걸어가는 사람이
힐끗 눈이 마주친다

빨간색 노란색 등산복들은
대화도 알록달록이다

말하는 내내 웃음이 지지 않는 청춘 남녀
그 사이로 지나가는 사내아이

벽화에 그려진 꽃들

벽화에 붙어 박제가 된 나비

다시
피어나라

3부

잠잠잠

총량 불변의 법칙

사춘기였던 아들이 말했었다
엄마가 나를 보고 싶어 해도 절대로 보여주지 않겠다고

지금은 가끔 전화해서
보고 싶어 집에 오겠다고 한다

지금 내가 그리는 당신
보고 계신 거 맞나요
또 엇갈린 시간인가요

같이 사는 사람과도
대화를 나눌 시간이 없다
매일 열 시간 이상 한 공간에 있는데

어쩌다
서로 안 보이면
전화해서 어디 있냐고
시간의 교차짐이 멀어져 간다

사랑하는 양이 사랑받는 양과 같다면
같은 사람이길
같은 시간이길

Signal

내가 가는 길 곳곳에서 너를 본다
너는 무표정하게 서 있겠지

풋사과 향이 났던 거 같아
초록이 작열하던 때
너를 보았지

깜빡거리며 웃는 눈
끊어질 듯 말 듯한 웃음소리
나도 모르게 뛰었다

빨개진 얼굴
달리기를 멈추게 하는 힘
너만이 나를 멈추게 하지

한밤중에도 일하는 너를 멀리서 본다
일 년에 하루도 제대로 쉬어본 적이 없다고 말했었지
그렇게 일해야 살아갈 수 있다고

때때로 노래진 너의 모습

그냥 지나치지 못하겠어
돌아가지도 못하고
우물쭈물 서 있었지

네 앞에 서면 장난이라 말하고 한 발짝
선을 넘고 싶어
그래도 그러면 안 되는 거잖아

오늘도 네가 가리키는 곳으로
너를 보면서 간다

처음 보는 것처럼 우리

숨바꼭질

우린 친구고 연인이고 부부다

어딨어 또 나갔나
그는 혼자 말을 하면서 지나간다
내가 안 보이나 봐
거실 소파에 2시간째 앉아 있는데

샤워 중에
다섯 번의 부재중 전화가 와 있었다
그사이에 나갔나
급하게 전화를 걸었다
받질 않는다
또 걸었다 이번에는 지금 전화를 받을 수 없습니다, 라는
기기음만
무슨 일이라도 생겼나
통화 중 수신으로 뜬 그의 번호
다시 눌렀다 또 통화 중
끊으면 같은 번호로 뜨는 통화 중 수신

하나 둘 셋 기다렸다

다시 누른다 또또또 또또또 또또또또
또 통화 중 수신

구두는 나란히 현관에 놓여 있다

입으려고 찾으면 보이지 않는 옷장 속의 옷
계절이 다 가면 보이는 그 옷처럼

젊을 땐 그가 술래였고
지금은 내가 술래가 되었다
우린 평생 서로를 찾아다니는 중이다

아코디언

조그만 여자가 매주 첼로를 메고 교회로 들어간다
사람들은 들어다 주고 싶다고 말한다
오늘은 그녀가 솔로로 연주하는 날이다
첼로를 든 그녀1은 더 무거워진 눈으로 무대에서 엔드
핀을 맞춘다
그녀2 엔드 핀은 한 뼘만 빼
그녀3 얼른 시작해 다들 기다리잖아
그녀4 하나님 도와주세요
그녀1은 굳은 표정으로 활을 긋기 시작한다
그녀2 가장조에서 사장조로 바꾼 거 기억해
그녀3 아마추어 티 나지 않게
그녀4 하나님께 영광을 제발
그녀1의 시선은 악보에 고정된 채
나무토막 같은 손목으로 줄을 교차한다
그녀2 부드럽게 레가토 해야지
그녀3 한 명이라도 진심으로 감동받았다고 하면 좋겠는데
그녀4 하나님 끝까지 제발 제발
그녀1의 마스크가 크게 부풀어 올랐다가 들어갔다
그녀2 끝나가고 있어 마지막은 천천히
그녀3 잘했다고 할까

그녀4 하나님 제발 집중하게 해 주세요

그녀2 그녀3 그녀4가 잠시 합체한 듯 잠잠해졌다

그녀1의 표정이 맑아진다

그녀1은 일어나 고개를 90도로 숙인다

그녀2 천천히 일으켜

그녀3 여유 있는 것처럼

그녀4 무사히 마친 것은 다 은혜입니다

그녀1에 매달린 그녀2 그녀3 그녀4의 무게가 첼로와 합해

조그만 그녀는 쓰러질 듯 걷는다

첼로를 들어본 사람들은 놀란다

생각보다 너무 가벼워서

밤에 침대에 누우면 따라오지 못한 그녀5는 잠깐 후회할
것이고

그녀6은 밤새 그녀1을 잔미할 것이다

세상의 소리는 접혔다가 또 펼쳐진다

시포詩怖 지나 시포詩抛

롤러코스터나 바이킹이 참 멋져 보입니다만
처음 놀이기구를 타러 온 거라
구경만 하기로 하고
시시한 회전목마 입장권을 샀어요 그래도 눈은
함성을 외치는 곳만 따라가네요

벌써 천천히 뛰기 시작하네요 각각 어른아이를 태우고
참 평화로운 모습입니다
내가 탈 말도 보이네요 자 멋지게 올라타겠습니다
까짓거 놀이기구 중 왕초보들이 타는 건데 달린다고 못
타겠습니까

가까이에서 보니 올라타기가 무섭게 높네요 멀리서 봤을
때랑 좀 다릅니다
가까스로 말의 귀를 잡았습니다 이제 다리만 올리면 되
는데
한쪽 발을 말에 걸치고 한쪽 발로만 뛰고 있습니다

저쪽에 다른 사람은 이제 막 왔는데 금방 올라타네요
먼저 말에 올라탄 사람들은 참 편안해 보입니다

몇몇 사람은 시시하다고 빨리 빨리를 외치네요

난 아직 한 다리만 올린 채 뛰고 있다고요
속도는 점점 높아집니다
올린 다리를 내릴까요 넘어지기 일보직전입니다

누가 말 좀 멈추게 도와주세요

사람들은 빨리 올라타라고
다리 하나 올리는 게 뭐 어렵냐고 합니다
너무 말을 쉽게 선택한 것이 잘못이겠죠

말 때문에 죽은 사람은 없나요?

보톡스

뭐 하는 거야
아무것도 안 해
우리의 대화는 안방과 건넌방에서 늘 똑같다
뭐 하는 거냐니까
아무것도 안 한다니까
30분마다 묻고 대답한다

도대체 변하지 않는다 아무것도

비브라토방법을 가르쳐 주세요
잘하고 있어요
뭘 잘하고 있다는 걸까
시간의 흔적이 보이질 않는다

늘 처음 같다
아니 되돌아간 거 같다

예수님만 믿으면 영생구원 한다는 말 믿습니까
네?
10년간 늘 한결같다

꾸준하다는 말 칭찬인가요

어쩜 그대로니
무슨 방법이라도 있니
나도 모르는 무슨 방법에서 나오고 싶은데

금전수는 선물 받은 지 이 년 지났는데
크지도 죽지도 않고 그대로다

가르쳐주고 있다는데 받아들이지 못한다

잘하고 있는 거예요
쓸 수 있는 시가 없어요

독사가 생각을 물었다
독이 언제쯤 빠질까

뉴타운

내일부터 검버섯 핀 외벽들이 화장을 한대요
들릴 듯 말 듯한 소리로 스피커가 말하고 있어요
지금 밤 9시라고 뻐꾸기시계가 외치고 있는데요

706호 아저씨가 한잔했나 봐요
예민해진 벽은 아줌마의 잔소리를 걱정해요
괜찮아요 그 정도로는
위층 할머니를 깨울 순 없어요
손자의 전화에 새벽부터 갈비찜까지 했다고
고장 난 환풍기가 온 동네 떠들어 댔거든요

506호는 요실금을 앓던 화장실이 조금 전에 터져 버렸대
요
하필 안 보이던 406호 아저씨가 지팡이를 짚고 나타난
날인데요

그래도
우리 아파트에선 그런 일론 아무도 화내지 않아요
밤늦게 생기는 부부 싸움과
집 안에서 뛰어다니는 아이들이 있었던 때가

좋았다고 하거든요

쉿! 그래도 화장실은 조심해야 해요
입이 너무 가벼워서

놀이터엔
버려진 의자처럼 모여든 할머니들
가끔 이불을 뒤집어쓰는 철봉
흔들의자가 되어버린 그네와
바람만 태우는 시소가
미끄럼틀이 만든 그림자를
바라보고 있어요

입주 때부터 줄곧 서 있던 나무들만
근육이 딴딴해져서
발로 차고 등으로 쳐대도 끄떡하지 않아요

이곳에는 오래된 햇살이 살아요

어제의 냄새

하루하루 무슨 쓰레기를 이렇게 만들었을까

양손 가득 들고 나왔다

분리배출하고
뒤돌아섰다

길 한복판에 빈 검은 봉지 하나 보인다

누굴 기다리는 듯

까마귀처럼 날아올랐다가
공처럼 구르기도

누굴 찾는 듯

달려가는 자동차 바퀴 사이
눈살 찌푸리는 사람들 사이
이리저리
〈

현관 앞까지 따라와
내 발에 붙었다

익숙한 어제의 냄새
주워들었다

집으로 들고 간다

분수

하늘에 무지개를 만들었지

물속에서 무지개를 본 친구들

몇몇은

웃음소리를 따라갔고

우리 여럿은 언제나처럼

떨어져

더 더러워진 곳에서

또 다른 점프를 기다리지

다른 세상으로

가고 싶어

쉬지 않고 뛰었는데

다시 그 자리로

얼마나 더 높이 뛰어야

태양에 닿을까

너에게 갈 수 있을까

별이 되었다는 소문이 무성해

스위치를 내린 이 세상에선

내일만 기다려

사람

욕조에 몸을 담가 줘
딱딱한 근육을 풀게
철심 같은 머리카락이 유연해지게
그럼 눈에서 검은 눈물이 나오겠지
예쁜 것들은 속이 비었다는 그 말은 옛말
아니 맞는 말이야
눈앞엔 다 쇼윈도 세상
내가 입은 옷이 네게 더 잘 어울릴 거라
서로 말하지

벗겨지지 않는 짙은 화장
같은 사람 맞다니까
비너스 몸매, 완벽한 이목구비로 또 태어났지
주름도 생기지 않는 세월을 먹고 있지만
지나가다 힐끗 쳐다보고 지저귀는
참새가 부러워
참 새

한 번쯤 입술을 트여줄래
작은 나방이 날아가게

그 입에 호흡을 불어줘

내뱉는 첫 단어가 궁금하지 않아?

소문으로 크는 나무

천둥이 빛나던 날
방 안은 조용했다

그는 크르릉 코를 골다 크르릉 소리에 놀라 깨
사방으로 고개를 돌려보았다
방문을 여는 사람은 없었지만
개미만큼 작은 소리들이 옮겨가고 있었다

세상에는 귀는 배꼽만큼 작아지고
입은 엉덩이만큼 커진 사람들이 점점 많아지는데

그는 다시 잠이 들었다

번개가 찢어지는 소리를 내고
방 안은 고요했다

그는 크르릉 코를 골다 크르릉 소리에 놀라 깨
또 고개를 돌렸다
방문을 여는 사람은 없었지만
문짝이 떨어질 만큼 큰소리들이 뛰어다녔다

〈

세상에는 눈동자 없는 아기들이 태어나고
부고장은 돌지 않았다

땅이 뚫릴 것 같은 소나기 소리가 들렸다

그는 벌떡 일어나 방문을 열었다
처음 보는 사람들이 오랜 식구처럼 밥을 먹고 있었다
처음 보는 사람들이 오랜 식구처럼 물을 마시라고 했다

그의 집이 모르는 사람들로 가득 찼다
낮잠을 자는 사이

국지성 호우

일기예보엔 3일간 비라고 했는데,

여기가 거기 맞나
터져 나오는 웃음소리

이게 얼마 만이니
여기 오니 다 만나네
얘가 둘째니

까꿍 까르르 까꿍
아기는 삐죽삐죽 울음 시동을 걸었다

어쨌든 호상이야
할아버지가 우리 가족들을 모두 소집해 주셨잖아

할아버지의 유언은 거짓이라도 꼭 소리 내 울어 달라는
것이었는데
아기의 울음소리가 대신하였다

빛 한줄기 빠르고 크게 번쩍였다

〈

장례식장 안에선 마른번개만 몇 차례 보였고
비는 오지 않았다

인사만 시끄럽게 돌아다녔다

이른 밤
조문객과 상주 모두 떠났다

불이 꺼지고 문이 닫힌 후

빗소리 혼자

밤새 흐느꼈다

셀프 빨래방

비 오는 날 산마루코 대성당을 찾아 뛰어다녔다
우산도 없이

오징어먹물 스파게티를 게걸스럽게
먹었다 검게 변한 혀로 너를 보며 웃었고
검은 침을 팔뚝으로 닦았다

습관적으로 마스크를 썼다
다른 사람들에게 보이지 않는
마스크 안의 검고, 붉은 얼룩

며칠 사이 산더미처럼 쌓인 빨래들, 우린
문을 열고 서로를 떠밀었다

잠겨진 유리문 속에서
부둥켜안고 오른쪽 왼쪽으로 돌고 도는 우리

물세례 속 숨겼던
지폐도 복권도
뱉어냈던 욕들도

거품 속에서 보였다 사라진다

지워진다면

눈물 한 방울까지 블랙홀로 빨려 들어가고
서서히 일어난다

이제 깨끗해진 거죠
고해소 문을 열고 밖으로 나왔다

부챗살처럼 펼쳐진 햇살 아래
흐릿하게 남은 얼룩, 얼룩

다시 한번 들어갈까

4부

잠잠잠잠

해피트리

어딜 보고 있니
창밖만 바라보는 너
뭔데 누군데

나도 좀 봐
며칠 전
억지로 돌려놓았는데

또
보고 있다
너의 뒷모습
밖을 향해 휘어진

죽었나 하면
마른나무에 삐져나온 초록 가지
버릴까 하면
마른 가지 끝 초록 잎 한 장
보이더니

어라!
10년 만에 피웠다
노란 꽃봉오리

가는 길

웃고 있는 젊은 남녀를 지나갔다
웃지 않는 중년 남자들도 지났다
웃었으면 싶은 젊지 않은 여자들도 보며 갔다

두 번쯤 죽어 있는 고양이를 피해 갔다

핫도그를 먹고 있는 아이
pc방으로 달려가는 소녀
무거운 가방을 메고 학원으로 달려가는 학생들도
지나갔다

백번쯤 죽어 있는 강아지를 밟을 뻔했다

갈색이 되어 누워 있는 나뭇잎은 밟고 갔다

죽은 사람이 들어 있는 차와
앞으로 같은 길을 갈 사람들이 들어 있는 차를
먼저 보냈다

지각이다

보름달

돌아오는 길
수란이 된 보름달이 보입니다

그 달을 삼켰습니다
총총걸음으로 집으로 갑니다

어둡던 1층이 환해집니다
2층
3층
4층이
차례로
나와 함께 환해집니다

반기는 사람 없어도
어둡던 현관이 환해집니다

삼켰던 달을
다시
하늘에 달아 놓습니다

스올

넓은 공원에 수백 명이 모여
생명 존중 캠페인을 벌였다
유난히 따가운 9월 끝
죽지 않은 여름

빵빵해진 풍선이 터지고
하모니카는 입술에 화상을 입히고
생수병들 터지는 소리
모두 살려달라고 부르짖었다

그늘은 제멋대로 움직이고
사람들은 그늘 쫓아 자리를 옮겨 다녔다
고목 밑
긴 의자가 하나

사람들은 웃으며 인사하며 다가오다 지나갔다

구름 한 점 없는
햇빛 속에 몇 시간을 쪼그리고 앉아 기다렸다
눈을 감듯 뜨고

빛 속에서 누군가 이쪽으로 왔다
빛보다 더 환하게
웃었다

그가 그녀였을까

떠지지 않는 눈으로 따라 웃으며 일어났다
그는 그냥 옆을 스쳐
그늘 속으로 들어갔다

그 뒤로 줄줄이
다가와 곁을 지나
손바닥만 한
그늘로 들어갔다

균형

박물관과 어린이회관 사잇길

벚꽃이 피었던 자리
연두 잎이 달려 있다

동물들이 지나간 길
자동차들이 지나간다

구부러진 등의 손을 잡고 반듯한 허리가
작은 보폭으로 걷는다

칠십 대로 보이는 남녀가
다섯 보쯤 차이 두고 걸어간다

똑같은 **빨간색** 등산복의
파마머리들은 붙어서 걷고 있다

벚나무의 가지가
맞은편 솔가지에 닿았다
〈

꽃이 사라진 나무는 이름이 잊히고
이름 모르는 노란 꽃은 풀 위로 올라왔다

강아지가 목줄을 주인에게 맡긴 채 뛰다 뒤돌아본다

수도원과 성공회 사잇길

다시

거꾸로

처음 뵙겠습니다

친구 결혼식에서 만났다

비혼주의자였던 나
신랑 측 친구로 온 그에게 시선이 간다
그도 그랬던지
우린 신랑 신부의 주선으로 만날 수 있었다

본 적 있는 듯한 얼굴
말투며 웃는 소리도

혹시 텔레비전에 나온 적 있나요
우리 같은 동네에 살았던 적도 없을까요

파만 들어 있는 육개장을 좋아한다고요
옻닭이 여름 보양식으로 최고라고요

젓가락질을 왼손으로 하네요
나도 왼손잡인데

뭐지

정말 뭐지

청주에 부모님이 사신다고요
저희 고모도 청주에 사는데
어렸을 때 한 번 가 봤어요

참 옻닭 좋아하신다고 했죠
우리 고모가 옻닭집 하신댔는데

고모 성함이 뭐냐고요
아빠한테 물어볼게요

우리 아빠가 그쪽 외심춘과 이름이 같다고요
…

오늘도 빛나는

그녀는 남편의 퇴근만 기다린다

남편과 나 사이 문도
그녀 때문에 생겼다

남편만 보면
백신이 어쩌구
가상화폐가 어쩌구
주워들은 얘기들을 앵무새처럼 조잘대고
트로트도 신물 날 정도로 불러준다

연애할 때 남편은 내 수다가 종달새 같다고 했는데

바둑과 축구 경기가 있을 때는 그녀와 밤을 새우기도 하고

남편은 그녀가 없으면 잘 수도 없단다
나는 그 둘 때문에 잘 수 없는데

남편이 출근하면
이번엔 나에게

봄옷 사달라
화장품 사달라
보험까지 들어달란다

난 속도 없지
또 그녀의 사랑 타령에 울기도 하니

남편이 돌아오면
그녀가 추천하는 찌개로 한잔하잘까

아직도 빛나는 그녀와

혼자 있어 본 적 있니

집 밖으로 나오면서
작은 사람이 나에게 붙어 버렸다
차 안에선 그의 존재를 잊기로 했다

신호에 걸렸을 때 앞에 서 있는 차들을 보았는데
각자 본체보다 더 큰 검은 네모난 것들을 매달고 서 있었다
다행히도 그것들은 본체의 크기와 비례한 듯 보였다
내리쬐는 햇빛에도 녹지 않는

횡단보도를 걷는 사람들도
각기 다른 크기의 사람들을 끌고 다녔다
온전히 혼자인 사람은 보이지 않았다

초록 그늘 안에선 붙어 있던 것들은 사라졌다
그늘은 잠시 지나가는 통로였다

거대한 건물들을 밟고
거인처럼 커진 사람들도 밟았다

방향을 바꾸고 알았다

차에 붙은 물체가 작아졌단 걸
돌아왔다
집으로
내 아지트

이제 쫓아다니던 것들을 다 쫓아내고
오롯이 혼자 있을 수 있을까
하는 순간

현관문 앞에 서 있다
작은 사람

아기에게

베란다에
토마토 모종을 심었다.
내 키보다 더 큰 지지대도 세우고

작은 너에게 보여주고 싶은 게 많단다

오후엔
파란 파아란 하늘과 몽글 모옹글 구름이 너를 보러 올 거야

내일 아침엔
저 저 멀리 반짝 반짝이는 50층짜리 아파트들
모레 오후엔
저기 15층짜리 아파트들이
글피 저녁엔
조기 불빛이 환해지는 학교와 5층짜리 빌라들이 보일 거야

그다음 날은
여기 도로 옆으로 흐르는 시냇물을
그 다 다음 날엔
바로 밑에 여리여리한 연두 잎을 매단 나무들을 볼 수 있

을 거야

지금은 에어컨 실외기만 보이겠지만
얼른얼른 자라렴

그때쯤 되면 너도 나에게
초록 아기 방울 하나쯤 보여주겠지

그러니까

너 머리 엄청 길었네
그러니까

카톡은 매일 하는데도 얼굴은 잊어버릴 거 같다니까
그러니까

마스크를 썼어도 표정이 다 보이는 것 같잖니
그러니까

너도 인공눈물 사용하지? 아주 필수품이라니까
그러니까

커피 한 잔 더 시킬까 직원이 아까부터 쳐다보는 거 같어
그러니까

야, 너 만난다고 머리 빨갛게 염색했는데
별 차이 없나 봐
그러니까

핸드폰만 보려면 만나지 말걸

어, 염색했구나 잘 어울린다
우리 빨리 자리 옮기자

좋아 어디로 갈까
충전할 수 있는 자리로 가자
방전됐어

그러니까, 그러니까

젤리나무

"젤리야"
언제나처럼 너를 부르며 현관문을 열었는데

침대에 누워 있던 네가 몸을 일으킨다면
나는 너를 번쩍 안아 뱅글뱅글 돌 텐데

너의 몸은 따뜻하고
창밖의 햇살은 우리만 비출 것이다

그럼 너의 나무에 꽃이 피고 넌 그 연두 잎을 먹고

두 해 전
소세지조차도 고개를 돌리던 저녁
숟가락에 갠 진통제를 미치듯 빨아먹던 그 밤
몸이 젖혀지면서도 끝끝내 나를 놓지 않던 그 깊은 밤
너의 눈을 감기던 그 새벽

고마워
고마워
고맙다

〈

오늘도 너를 부르며
현관문을 열면 너는 침대에 누워 있을 것이고
나는 너를 안고 또 그렇게

책상 위엔 아주 작은 네가 어린 내 아들과 나를 보고 있다
햇살은 책상 위의 너희들만 비추고

너의 나무엔 또 연두 잎이 나고

십자가이생[*]

아홉 살인 나는 열 살 동네 언니들과 저녁마다
십자가를 그렸습니다

십자가 안에 돌을 던지고
껑충 뛰기도 하고

십자가 밖으로 나가면 죽는 걸 우린 압니다

그날도 십자가 안에 돌을 던지고 뛰던 나를
십자가 밖에 있던 언니가 잡아당겼습니다
안 나가려고 안간힘을 다하다가
발이 꺾여 뒤로 넘어졌습니다
아주 큰 쿵 소리를 내며
바닥이 시멘트로 된 은행 앞마당에서

언니들의 웅성거림은 목욕탕 속처럼 불투명했고
하늘이 열린 듯하더니
빙글빙글 돌다
어두워졌습니다
〈

십자가의 그림자 속에서 넘어졌다고
부활시켜 준댔는데
십자가 안에서 더는 놀고 싶지 않았습니다

잠시 본 하늘엔 아무도 보이지 않았거든요

집에서 저녁 밥상을 차리고 있을
엄마,
엄마를 부르며 집으로 뛰어갔습니다

* 어릴 때 십자가를 그려놓고 놀던 게임 이름.

옛날이야기

슥

점심때가 되도록 식사하란 소리가 없다

뭐해, 어딨어?

박새 같은 아내가 또 나갔나 보다

슥, 슥

아까부터 무슨 소리가 지나다닌다

주방 문을 열었다 또 문이 있었다

문과 문 사이

스윽

긴 그림자 보였다

그림자를 쫓아갔다

그곳엔

개나리색 저고리에 철쭉 색 치마를 입은 아내가

12첩 반상을 차려놓고 있었다

아내가 그럴 리가 없는데

아내와 꼭 닮은 여인이

술을 따라 놓으며 초승달처럼 웃는다

얼마나 술을 마셨을까

개나리와 철쭉이 허물처럼 놓여 있고

스윽, 스윽

그녀가 배로 기어 내게로 온다
잔털 하나 없는 매끈하고 보들보들한 피부
혀는 왜 그리 날름거리는지
눈을 뗄 수 없다
한번 만져보고 싶다는 생각이 들었을 뿐인데
그녀가 나를 감기 시작한다
배, 가슴, 목까지 똬리를 틀었다
차갑게 조여오는 그녀의 몸
이봐, 숨을 쉴 수가 없어
내가 당신에게 무슨 죄를 지었나
그녀는 긴 혀를 좌우로 장미 꽃잎처럼 돌리더니
독 이빨을 하얗게 내보인다
살려줘
아 악!

띡 띡 띡
현관문을 열고 들어오는 아내의 까치발 소리

추석

언제 오는 건가요
잘 빚어 놓은 말들을 쪄서 참기름도 바르려고요

그릇그릇 소복소복
우리 웃음을 담아보렵니다

아직 익지 않은 대추 같은 파란 말들
작고 새콤하고 아삭한

하나만 하나만 더
얹을 수 있을 때까지

너무 높이 쌓았나 봐요
아슬아슬합니다

밤 같은 하얀 말들은
벌써 굴러떨어졌어요
설탕에 담가 놨으면 변하지 않았을까요

떨어진 것은 다시 올리는 게 아니래요

한 번 상한 맘은 돌이켜지질 않아요

벌써 가려 하나요
갱물에 풀어풀어 마시고 가요

지금 못다 한 말들은 보자기에 싸 줄게요

벌써 갈변해 버린 말들도
깎아내면 속은 하얗답니다
씹으면 달콤한 즙을 맛볼 거예요

그릇그릇 텅텅
우리의 울음을 비울게요

모일 때 환한 줄로 만 보였던 보름달
돌아갈 때 자꾸 뭔가 감춘 듯 뾰로통합니다

우린 해마다 똑같은 패턴입니다

감춰진 욕망과 자기연민의 주체성

윤의섭(시인·대전대학교 교수)

시인이 보여주는 시의 세계에는 시인이 바라보는 세계에 대한 인식이 담담하게 반영된 경우도 있고 시인의 주체적 욕망이 강하게 또는 소소하게 담겨 있는 경우도 있다. 이 두 경우의 차이는 전자는 시인의 주체적 인식이 타자의 경험적 인식으로 확장될 기능성이 큰데 후자는 시인의 주체적 인식이 주체 자신을 향해 강화되고 있다는 데 있다. 그러니까 이 두 경우의 시 세계는 방향성에서 차이가 있다는 것인데 시에 대한 비평적 관점의 기준이 될 수 있어 구분해 본 것이다.

오형선의 시를 읽으면서 우선 욕망이 담겨 있는 시 세계에 대해 살펴보고 싶다는 생각이 든 것은 시인의 욕망이 대놓고 나타나지 않고 오히려 감춰져 있기 때문이었다. 그런데 욕망이 감춰져 있는 것은 일부러 그런 것은 아니라고 본다. 어쩌면 부지불식간에 그렇게 된 것일 수도 있다. 또는 금기를 깨지 않으려는 심리적, 윤리적 제약이 그런 것처럼 욕망을 드러내는 것에 스스로 위축되어 더는 표면화시키지 않고자 하는 소극적 태도 때문에 감춰진 것처럼 보이는 것일지도 모른다. 그래서 오형선 시인의 시를 읽으면서 자칫 못 보고 지나칠 수도 있는 욕망에 대해 자세히 알아보고 싶었던 것이다.

때때로 노래진 너의 모습
그냥 지나치지 못하겠어
돌아가지도 못하고
우물쭈물 서 있었지

네 앞에 서면 장난이라 말하고 한 발짝
선을 넘고 싶어
그래도 그러면 안 되는 거잖아

오늘도 네가 가리키는 곳으로
너를 보면서 간다
〈

처음 보는 것처럼 우리

- 「Signal」 부분

'욕망'이라는 말에는 매번 거창한 의미가 있는 것이 아니다. '무엇을 가지거나 하고자 간절히 바람'이라는 액면 그대로의 사전적 의미대로라면 욕망은 누구나 갖고 있는 마음이다. 위 시에 나타난 시인의 욕망은 간단히 말하자면 "선을 넘고 싶어"하는 것이다. 앞서 노란색 신호등 앞에서 시인은 지나치지도 돌아가지도 못하고 "우물쭈물"하고 있다. 선을 넘고 싶은 욕망과 사회적 금기 앞에서 시인은 망설이는 중이다. 시인은 결국 욕망을 이루지 못한다. 시에서 욕망은 "장난"과 "그래도 그러면 안 되는 거잖아"라는 가벼운 절제의 언어로 감춰져 있다. 그러나 "선을 넘고 싶어"라는 발화는 시인의 분명한 욕망이다. 또는 잠재된 욕망. "처음 보는 것처럼 우리"라고 시를 매듭지은 것은 시인의 욕망이 거듭 살아날 것임을 암시하고 있다.

"선을 넘"는 다는 것은 넘기 이전의 세계와 넘은 후의 세계가 다르다는 것을 말해준다. 선을 넘기 이전의 세계는 세속적 질곡에 갇혀 있는 상황을 의미하고 선을 넘은 후의 세계는 그것에서 벗어나 욕망을 이루게 된 상황을 의미한다. 선을 넘은 후의 세계는 "다른 세상"이다.

다른 세상으로

가고 싶어

쉬지 않고 뛰었는데

다시 그 자리로

얼마나 더 높이 뛰어야

태양에 닿을까

너에게 갈 수 있을까

별이 되었다는 소문이 무성해

스위치를 내린 이 세상에선

내일만 기다려

- 「분수」 부분

시인은 "다른 세상으로/가고 싶어"한다. '분수'의 특성상 "다시 그 자리로" 돌아올 수밖에 없지만 "너에게 갈 수 있을" 때까지 "더 높이 뛰"고자 한다. "다른 세상"에는 "태양"이 있고 "너"가 있다. 그러므로 시인의 "태양에 닿"고 "너"에게 가려는 욕망을 보여준다. 문제는 욕망이라는 것이 이룰 수 없거나 아직 못 이루어졌을 때 발생하는 마음이라는 것이다. 끝내 이루지 못할 욕망으로 인해 시인은 분수가 다시 작동하는 "내일만 기다"린다. 그러다 시인은 "다른 세상"으로 넘어가기도 한다.

우암산을 진입하는데
벚나무가 쭉 서서 쳐다보는 거야
꽃잎을 벗으면서

꽃잎들은 서로 내게 안기려는 듯
하르르 하르르 하르르르

비탈에 누웠던 꽃잎들은
자동차를 따라 질주하다가
따라오라고
차 유리창까지 점프하는 거 있지

〈

꽃잎이 지칠 때까지 따라갔어

나도 모르게

그날 나는 길을 잃었어

- 「순환도로」 전문

"꽃잎이 지칠 때까지 따라" 간 시인은 "길을 잃었"다. "길"이 세속적 질서와 통제의 상징이라면 "길을 잃"는다는 것은 그러한 질서와 통제에서 벗어났다는 것을 의미한다. 이는 시인이 "꽃잎"을 따라갔기 때문에 벌어진 일이다. 다만 시인은 왜 꽃잎을 따라간 것인지 모르는 듯하다. "나도 모르게"라는 꽃잎을 따라간 이유를 모른다는 말도 되고 어쩌다 길을 잃었는지를 모른다는 말도 된다. 분명한 것은 시인이 "꽃잎"이 흩날리는 모습에 빠져 따라갔다는 것이다. 그 결과 길이라는 세속에서 벗어나 "다른 세상"으로 "선"을 넘어 가게 된 것이다. 꽃잎을 따라가고자 하는 시인의 욕망을 거부하지 않은 결과이다. 시인은 이렇듯 은연중에 욕망을 드러내고 있다. 어쩌면 시인 스스로도 인지하지 못하는 욕망일지도 모른다. 시는 시인의 분신이어서 시인의 본연을 되살려 보여주는 능력이 있다. 이것이 오형선 시인이 시라는 존재에 이끌리는 이유일 수도 있다.

난 아직 한 다리만 올린 채 뛰고 있다고요
속도는 점점 높아집니다
올린 다리를 내릴까요 넘어지기 일보직전입니다

누가 말 좀 멈추게 도와주세요

사람들은 빨리 올라타라고
다리 하나 올리는 게 뭐 어렵냐고 합니다
너무 말을 쉽게 선택한 것이 잘못이겠죠

말 때문에 죽은 사람은 없나요?

– 「시포詩怖 지나 시포詩抛」 부분

위 시는 다른 놀이기구보다 비교적 덜 무서울 것 같은 회전목마를 타고자 했지만 "한 다리만 올린 채" 회전목마가 움직이는 바람에 힘겨워하는 장면을 보여준다. 쉬워 보이는 일이라도 어설프게 대하면 큰일이 날 수 있다. 시인은 이러한 상황을 시

(詩)에 대입한다. 회전목마의 '말(馬)'을 동음이의어로서의 '말(語)'로 치환한다면 "말을 쉽게 선택한 것"은 시어를 쉽게 썼다는 뜻이고 "말 때문에 죽은 사람"은 시를 쓰는 고통이 심하다는 뜻으로 읽힌다. 그리하여 시의 제목도 '시에 대한 두려움(詩怖)을 지나 시를 포기(詩抛)하기에 이르다'는 뜻으로 쓴 것이다. 이렇게 보면 위 시는 어설프게 시를 쓰고 있는 시인의 고충을 드러낸 것으로 보인다. 그러나 시인이 시를 선택하여 후회한다는 내용에 방점을 두면 안 된다. 중요한 것은 시를 대하는 시인의 성찰이다. "말을 쉽게 선택한 것"을 "잘못"이라고 반성한다. "말 때문에 죽은 사람은 없"는지 묻는 것은 힘들어 죽을지도 모르는 것이 시 쓰기라는 것을 인식하고 있다는 증거이다. 시인은 시를 포기하고 싶다고 하면서도 시를 쓴다. 시를 쓰고자 하는 욕망이 배어 있다.

라캉의 '욕망 이론'을 참조한다면 우리는 대부분 상징계에 속해 있다. 상징계는 한마디로 질서의 세계이다. 그런데 우리는 현재의 상징계에 머무르지 않고 계속해서 새로운 상징계를 찾아나선다. 이는 상상계에서의 이상을 찾아 상징계에서 상징계로 유목을 거듭하는 우리 인간이 갖고 있는 욕망이다. 오형선 시인의 욕망은 시에서 미미하게 감지된다. 감춰져 있거나 억눌려 있는 것처럼 보인다. 그러나 시를 통해 오형선 시인은 욕망에 대한 용기를 드러내고 있다.

특히 자의식을 강하게 드러내며 시인의 주체성을 찾고 공고히 하고자 하는 태도는 시인이 품고 있는 응축된 욕망 에너지에 의해 일상에서 매 순간 발현된다. 여기서 주목할 점은 시인의 응축된 욕망 에너지가 많은 경우 그것이 실현되지 않았기 때문에 시인이 지속적으로 자신을 위로하고 다독인다는 데 있다. 이는 자기연민의 양상으로 나타난다. 이 글에서 말하는 '자기연민'은 자기 자신에 대한 부정적 인식을 동반하는 심리가 아니라 자기 자신을 객관화한 상태에서 욕망하는 주체로 발전하는 데에 작동하는 동기라는 점을 강조하고 싶다.

드디어 연락을 받았어
문래동 천국 찻집에서 만나자는

(중략)

이 비좁은 계단을 다른 사람들은 어떻게 올라갔을까

빛만 따라 올라갔어
문을 열었지

〈

많은 사람이 아무렇지 않게 앉아 있네

듣던 음악과 대화 소리

그 속에서

너는 웃으며 바라봤지

왜 옷에 먼지가 많이 묻었냐고

너는 저길 어떻게 올라왔는데

왜 비상구로 왔냐고

> ─「좁은 문」 부분

　"천국 찻집"에서 사람들을 만나러 간 시인은 "비좁은 계단"으로 "먼지"를 묻히며 힘겹게 올라갔다. 그런데 시인이 올라간 길은 평범한 길이 아니라 "비상구"로 향하는 길이었다. 시인에게 그 길은 마치 "천국"으로 향하는 "좁은 문"으로 향하는 것처럼 느껴졌고 천국에서 새어나오는 빛인 것 같은 "빛만 따라" 올라가게 된 길이었지만 사실 "비상구"로 들어가는 길이었다는 다소 해학적으로 쓰인 시이다. 해학성은 기대와 반전을 통해, 또는 일반적인 상식에 못 미치는 행위를 벌일 때 발생하기도 한다. 시인을 맞이하는 사람, 즉 "너"의 입장에서는 시인이 우습고 이해가 안 될 수 있는 상황이다. 이러한 상황에서 시인은 충분히 부끄럽고 창피해질 수 있다. 그러나 시인은 자신이 평범한 길을 걸어오지 않았다는 것을 보여주면서 자신은 일반적인 길을 따르는 자가 아니라는 점을 인식시켜 준다. 뒤늦게서야 "비상구"로 왔다는 것을 알게 되었지만 "천국 찻집"으로 오르는 길은 시인에게 천국의 좁은 문으로 향하는 고난의 길로 여겨졌다. 이 시의 행간에는 "나는 남과 다른 길을 걷는 사람이다"라는 시인의 자기 위로가 담겨 있는데 이는 자기 위치의 확인이자 남과는 다른 길을 걷고자 하는 주체적 욕망을 은연중에 나타내는 것이기도 하다.

언제부턴가

우리 기계들만 우두커니 서 있다

열린 문짝에 물기조차 보이지 않아

CCTV만 쉬지 않고 전송 중이다

그래도 괜찮다

화면 속에는

지나가는 자동차 불빛들만

들어왔다 나갔다

괜찮다 괜찮다 괜찮다

오늘도 온종일 하늘은 너무 맑았어

햇빛이 끌고 온 그림자만 누웠지

그 속에서 또 멍하니 서 있다

빛 대신 어둠이

슬그머니 들어온다

긴 터널처럼

내일 철거 아저씨가 온단다

- 「터널」 부분

사람들은 비추지 않고 "자동차 불빛"이나 "그림자", "어둠"만
"전송" 중인 CCTV는 시인의 감정이 이입된 객관상관물이다. 사
회적 편리성과 안정성을 위해 설치되어 꿋꿋이 자기 일을 하고

있는 CCTV는 언제부턴가 불필요한 존재가 되었고 "철거"될 처지에 처하게 되었다. 그러나 시인은 "괜찮다"라고 CCTV를 다독여준다. 시인의 관점에서 CCTV는 자신의 책무를 충실히 소화해 낸 가치 있는 존재이다. 시인이 건네는 "괜찮다"라는 위로는 CCTV의 행적에 대한 인정이기도 하다. 위로와 인정을 받는 자리에 있다는 시인의 자기 위치 확인과 자기연민이 CCTV라는 연민의 대상을 통해 간접적으로 읽혀진다.

그는 크르릉 코를 골다 크르릉 소리에 놀라 깨
또 고개를 돌렸다
방문을 여는 사람은 없었지만
문짝이 떨어질 만큼 큰소리들이 뛰어다녔다

세상에는 눈동자 없는 아기들이 태어나고
부고장은 돌지 않았다

땅이 뚫린 것 같은 소나기 소리가 들렸다

그는 벌떡 일어나 방문을 열었다
처음 보는 사람들이 오랜 식구처럼 밥을 먹고 있었다

처음 보는 사람들이 오랜 식구처럼 물을 마시라고 했다

그의 집이 모르는 사람들로 가득 찼다

낮잠을 자는 사이

－「소문으로 크는 나무」 부분

　위 시에서 "그"는 "오랜 식구"인 듯하지만 "모르는 사람들"
사이에 갑자기 놓인 상황에 위치하고 있다. 자기 위치를 확인하
는 것은 자기 정체성을 확립해 가는 과정이기도 하다. 어떤 계
기를 기준으로 하여 계기 발생 이전의 자기와 계기 발생 이후의
자기는 달라질 수 있다. 위 시에서는 "낮잠을 자는 사이"가 계
기로 작용한다. 이상한 일들이 벌어지고 있는데 그것은 "소문"
처럼 불확실한 것들이었다. 그리고 "그"는 낯선 환경에 처해 있
는 자기를 발견한다. 이제 식구로서 함께 지내던 이전과 "처음
보는 사람들"과 같이 있는 이후로 구분되어 "그"는 '식구가 아
닌 자'라는 정체성을 얻게 된다. "처음 보는 사람들"이 "식구"로
서 정상적 상태라면 "그"는 비정상적 상태에 놓인 것이다. 또는
그 반대도 성립 가능하여서 "그"는 '비-정상'이라는 양가적 정
체성을 획득하고 있다. 어느 것이 옳고 그르다의 문제가 아니
라 어떻게 이렇게 되었나가 문제인 상황에 "그"의 위치가 주어

져 있다.

　꿈을 꾸고 있는 중일지도 모르는 위 시의 상황은 더 이상 답을 주지는 않는다. 다만 "식구"라는 관계, 나아가 사회적 관계는 기본적으로 약속, 이해, 당위에 의해 성립하는 것이어서 그러한 관념적 결합이 "낮잠"이라는 다소 무의식적이고 무의지적인 느슨한 상황에 의해 잠시나마 깨질 수 있다고 본다면 "그"는 "식구"를 "모르는 사람들"로 인식하게 되고 '비-정상'의 상황에 위치한 자기 위치를 확인하게 되는 것이다. 이러한 자기 위치 확인이 곧바로 자기연민으로 이어지는 것은 아니지만 자기를 되돌아보는 계기가 될 수 있는 것이다.

　　어쩜 그대로니

　　무슨 방법이라도 있니

　　나도 모르는 무슨 방법에서 나오고 싶은데

　　금전수는 선물 받은 지 이 년 지났는데

　　크지도 죽지도 않고 그대로다

　　가르쳐주고 있다는데 받아들이지 못한다

　　〈

잘하고 있는 거예요

쓸 수 있는 시가 없어요

독사가 생각을 물었다

독이 언제쯤 빠질까

- 「보톡스」 부분

시인은 지금 "가르쳐주고 있다는데 받아들이지 못"하고 있는
자기 위치를 확인하고 있다. "잘하고 있는 거예요"라고 누군가
위로를 하고는 있지만 정작 시인은 "쓸 수 있는 시가 없어요"라
고 말한다. 시를 통해 시를 쓰는 것에 대한 고충을 토로하고 있
는 것이다. 시를 쓰고는 있지만 잘 쓸 "방법"을 모르고 늘 "그대
로"인 것 같고 시를 더 쓰기도 힘든 상태에 처해 있다는 시인의
고백은 절망보다는 반성에 의한 솔직한 표백이다. 이런 자기 위
치는 "독사"가 문 것처럼 치명적인 상태에 처한 것이기도 하지
만 다행히도 "독"이 빠지면 오히려 '약'이 되는 상태가 될 수도
있다. 그만큼 시인은 시를 쓰기 위해 쉬운 길을 가지 않고 끊임
없이 성찰하고 있는 것이다. "잘하고 있는 거예요"라는 문맥상
타자의 말이지만 어쩌면 시인 스스로가 듣고 싶어 중얼거리는
자기 연민의 대사일지도 모른다. 시인은 자신을 연민하면서 동

시에 "독"이 빠지길 희망하는 '시를 쓰는 자'로서의 정체성을 드러내고 있다.

시인은 시집 곳곳에서 자기 위치, 또는 자기 정체성을 확인하는 장면을 보여준다. 이러한 시인의 의식 저변에는 자기연민이라는 강한 주체의식이 깔려 있고 나아가 스스로를 당당하게 내세울 줄 아는 건강한 자기애(自己愛)가 형성되어 있다.

> 조그만 여자가 매주 첼로를 메고 교회로 들어간다
>
> 사람들은 들어다 주고 싶다고 말한다
>
> 오늘은 그녀가 솔로로 연주하는 날이다
>
> 첼로를 든 그녀1은 더 무거워진 눈으로 무대에서 엔드 핀을 맞춘다
>
> 그녀2 엔드 핀은 한 뼘만 빼
>
> 그녀3 얼른 시작해 다들 기다리잖아
>
> 그녀4 하나님 도와주세요
>
> 그녀1은 굳은 표정으로 활을 긋기 시작한다
>
> 그녀2 가징조에서 사장조로 바꾼 거 기억해
>
> 그녀3 아마추어 티 나지 않게
>
> 그녀4 하나님께 영광을 제발
>
> 그녀1의 시선은 악보에 고정된 채

나무토막 같은 손목으로 줄을 교차한다

그녀2 부드럽게 레가토 해야지

그녀3 한 명이라도 진심으로 감동받았다고 하면 좋겠는데

그녀4 하나님 끝까지 제발 제발

그녀1의 마스크가 크게 부풀어 올랐다가 들어갔다

그녀2 끝나가고 있어 마지막은 천천히

그녀3 잘했다고 할까

그녀4 하나님 제발 집중하게 해 주세요

그녀2 그녀3 그녀4가 잠시 합체한 듯 잠잠해졌다

그녀1의 표정이 맑아진다

그녀1은 일어나 고개를 90도로 숙인다

그녀2 천천히 일으켜

그녀3 여유 있는 것처럼

그녀4 무사히 마친 것은 다 은혜입니다

그녀1에 매달린 그녀2 그녀3 그녀4의 무게가 첼로와 합해

조그만 그녀는 쓰러질 듯 걷는다

첼로를 들어본 사람들은 놀란다

생각보다 너무 가벼워서

밤에 침대에 누우면 따라오지 못한 그녀5는 잠깐 후회할 것

이고

그녀6은 밤새 그녀1을 찬미할 것이다

세상의 소리는 접혔다가 또 펼쳐진다

– 「아코디언」 전문

　시에서는 "그녀2", "그녀3", "그녀4"가 등장하여 "그녀1"에게 "조언", "위로", "칭찬", "기도" 등을 해준다. 이 모든 "그녀"들은 사실 "그녀1에 매달린 그녀2 그녀3 그녀4의 무게가 첼로와 함께"라는 구절에서 알 수 있듯이 "그녀1" 속에 깃들어 있는 자의식들이다. 즉 "그녀1"의 내면의 목소리들인 것이다. 후회하는 "그녀5"와 찬미하는 "그녀6"도 마찬가지다. "그녀1"은 "그녀"가 바라는 모든 "그녀"의 목소리를 동원하여 스스로를 다독이고 "찬미"한다. 모든 "그녀"는 자기 자신을 아끼고 대견하게 여기는 자기애를 보여주고 있다. 물론 시의 문맥을 자세히 보면 "생각보다 너무" 가벼운 첼로의 무게가 사실은 "그녀"들로 객관화되어 표현된 자기 스스로가 부과하고 있는 것에 대한 부담으로 더 무겁게 느껴진다는 내용이 있지만 "그녀"가 스스로를 다독이고 부추기면서 "그녀"는 "접혔다가 또 펼쳐"질 것이라는 결말은 그러한 부정적 인식도 감내해야 하는 자기 자신의 일부라는 것을 알려준다.

　이 시를 통해 우리는 시인이 자기 위치 확인에서 자기연민, 그리고 자기애로 나아가고 있는 과정을 명확히 파악할 수 있다. 그리고 다시 말하지만 이러한 과정은 시인을 욕망하는 주체로 발전시키는 데에 동력으로 작용한다.

전체적으로 오형선 시인의 시에는 자기 주체성을 강화하는 방향으로 욕망을 보여주고 있는데 그 욕망 실현의 활동성은 감춰져 있거나 소소하고 '자기'를 넘어서서 타자의 욕망까지 확장하는 단계로 점차 나아가고 있는 것으로 보인다. 모든 시에서 주체적 욕망이 타자의 욕망으로도 치환될 수 있는 성질을 가져야 한다는 필연성은 없다. "나는 돌멩이를 갖고 싶다"라는 자기 자신만의 욕망에 머물러도 아무 문제없다. 그러나 "내가 바라는 돌멩이는 당신이 바라는 돌멩이이기도 하다"라는, 주체적 욕망을 타자의 욕망으로까지 확장하는 태도는 자신만의 세계에 머무는 시를 공유의 세계로 나아가게 한다. 오형선 시인의 이번 시집이 다음 단계로 나아가는 시작의 단계를 보여준다고 할 수 있다면 다음 단계에 놓일 징검다리 돌은 누구라도 함께 디뎌보고 싶어 하는 넓고 단단한 반석이 되길 바란다.